LA

CHASSE et L'AMOUR,

VAUDEVILLE EN UN ACTE,

Par MM. ROUSSEAU, ADOLPHE et DAVY;

REPRÉSENTÉ, POUR LA PREMIÈRE FOIS, A PARIS, SUR LE
THÉATRE DE L'AMBIGU-COMIQUE, LE 22 SEPTEMBRE 1825.

PARIS,

Chez {
DUVERNOIS, libraire, cour des Fontaines, n° 4,
et Passage de Henri IV, n°° 10, 12 et 14.
SÉTIER, imp.-libraire, cour des Fontaines, n° 7.

1825.

LA

CHASSE et L'AMOUR,

VAUDEVILLE EN UN ACTE,

Par MM. ROUSSEAU, ADOLPHE et DAVY;

REPRÉSENTÉ, POUR LA PREMIÈRE FOIS, A PARIS, SUR LE
THÉATRE DE L'AMBIGU-COMIQUE, LE 22 SEPTEMBRE 1825.

PARIS,

Chez
{
DUVERNOIS, libraire, cour des Fontaines, n° 4,
et Passage de Henri IV, n°ˢ 10, 12 et 14.
SÉTIER, imp.-libraire, cour des Fontaines, n° 7.
}

1825.

PERSONNAGES. ACTEURS.

M. DELBEUF, Md. de draps. . . . . . M. Baron.
Madame DELBEUF . . . . Mme Palmyre.
ANGÉLINA, leur fille. . . . . Mlle Jastreck.
M. PAPILLON, Md. de coton. . . . . M. Dubourjal.
Ernest SAINVILLE, amant d'Angélina. } M. Chéri. M. Dubiez.
GUILLAUME, son domestique. . . . . M. Gilbert.
CANARD, traiteur. . . . . M. Joly.
BLAISE, domestique de M. Delbeuf. . M. Boisselot.
UN PAYSAN. . . . . M. Millot.
UNE PAYSANNE . . . . Mlle Duménis.
Chasseurs.

La scène se passe dans la vallée de Montmorency.

LA CHASSE ET L'AMOUR,

VAUDEVILLE EN UN ACTE.

Le Théâtre représente un site agréable ; à gauche, la maison de M. Delbeuf ; à droite l'auberge de Canard, avec cette inscription : Au rendez-vous des Bons chasseurs ; Canard, fait noces et festins. Devant la porte quelques tables. Dans le fond, un taillis.

SCÈNE PREMIÈRE.

CANARD, plusieurs Chasseurs.

(Ces derniers sont devant une table garnie de bouteilles et boivent debout.)

CHOEUR.

AIR : *Méléagre Champenois.*

Partons, amis, partons, le temps presse !
Que rien ne puisse échapper à nos coups.
Oui, j'en réponds, grâce à notre adresse,
Malheur à ceux qu' viendront après nous !

UN CHASSEUR.

Diable de vin ! je sens que ma main tremble,
De mon fusil je redoute le poids :
Lorsque j'ai bu le matin, il me semble
Courir toujours deux lièvres à la fois.

TOUS.

Partons, etc.

LE CHASSEUR.

Monsieur Canard, nous ne reviendrons qu'à la nuit, entendez-vous....... que notre dîner soit prêt...... Nous nous chargeons de fournir le gibier.

CANARD.

Soyez tranquilles, Messieurs.... je vous attends à la broche.

SCÈNE II.

Les mêmes, **PAPILLON**, *en chasseur, portant des lunettes vertes.*

PAPILLON.

Ah! ah! Messieurs, vous voilà en bonnes dispositions... C'est comme moi... (*Les chasseurs vont pour sortir...*) Dites donc.... prenez garde...... là bas, à gauche,.... j'ai aperçu un lièvre au gîte, et je viens chercher le beau-père pour le faire lever ;... ainsi n'y allez pas.....

LES CHASSEURS, *riant.*

Ah! ah! ah!..... merci de l'avis.

(*Reprise du Chœur.*)

Partons, amis, etc.

(*Les chasseurs sortent ; Canard rentre chez lui.*)

SCÈNE III.

PAPILLON *seul.*

Eh bien !... qu'est-ce qu'ils ont donc à rire ?... Sont-ils bêtes !... ça ne m'a pas l'air de fameux chasseurs..... Des fusils à pierre ,... ce n'est pas ça..... A la bonne heure , moi !... le fusil à piston ;... on voit tout de suite l'amateur de première force.....

AIR : *vers le Temple de l'hymen.*

La terreur de la perdrix
Et l'effroi de la bécasse ,
Pour mon adresse à la chasse ,
On me cite dans Paris.
Dangereux comme une bombe .
Sous mes coups rien qui ne tombe ,
Le cerf comme la colombe...

A ma seule vue, enfin,
Tout le gibier a la fièvre;
Car pour mettre à bas un lièvre,
Je suis un fameux lapin.

Mais entrons chez le beau-père..... Tout est fermé......
est-ce qu'il ne serait pas éveillé?..... ce n'est pas pardon-
nable..... (*Il va pour frapper à la porte et s'arrête.*) Eh
bien! j'allais le réveiller comme un jour ordinaire..... En
chasseur, morbleu! en chasseur! (*il arme son fusil, tire
en l'air, une hirondelle tombe.*) Je dis que voilà un joli
coup pour commencer..... Ah! si je n'avais pas la vue
basse.....

SCÈNE IV.

PAPILLON, M. DELBEUF, *sortant du bois, au fond. Il
est vêtu en chasseur, et il a de longues guêtres fauves.
Ensuite* Mad. DELBEUF, ANGÉLINA ET BLAISE *aux
fenêtres.*

M. DELBEUF.

Peste soit de l'imbécile!

PAPILLON.

Heim!... Tiens, c'est vous, beau-père?

DELBEUF.

Oui, c'est moi, que le diable vous emporte!

PAPILLON.

Ah! c'est là le bonjour que vous me souhaitez! faites
donc trois lieues pour être reçu comme cela!

DELBEUF.

Mais aussi vous venez de me faire manquer le plus beau
coup.

Mad. DELBEUF, *ouvrant sa fenêtre.*

Mon dieu!... M. Delbeuf, que vous êtes insupportable!
Vous m'avez fait une peur;... je vais avoir mal aux nerfs
toute la journée.

ANGÉLINA, *de même.*

Y est-il, mon papa?

BLAISE, *de même.*

Y est-il, not' bourgeois?

DELBEUF.

Eh! non, parbleu!

(*Ils referment leurs fenêtres.*)

PAPILLON.

Ah! ça, qu'y a-t-il donc de nouveau ici ? Vous ne vous faites pas une idée comme vous avez l'air drôle.....

DELBEUF.

Ce qu'il y a de nouveau !..... Un cerf, dix cors..... Les paysans l'ont vu, il y a quinze jours, et depuis ce temps je me mets à l'affût dans cette garenne..... Je ne l'avais pas encore aperçu, lorsqu'aujourd'hui.....

PAPILLON.

Eh bien !...

DELBEUF.

Il allait certainement venir quand votre maudit coup de fusil l'aura effrayé.

PAPILLON.

Ah diable !..... si j'avais su..... Vous croyez qu'il allait venir?

DELBEUF.

Eh ! sans doute.

PAPILLON.

Alors il ne doit pas être loin d'ici.... nous le rencontrerons..... Je suis en train aujourd'hui..... Tenez...

DELBEUF.

Qu'est-ce que c'est que ça ?

PAPILLON.

Une hirondelle que j'ai tuée... au vol encore,..... et dont je vais faire hommage à ma future..... Justement je l'aperçois.....

SCÈNE V.

PAPILLON, M. DELBEUF, ANGÉLINA.

PAPILLON.

Permettez-moi, belle Angélina, de déposer à vos pieds ce petit volatile, victime de mon adresse.

ANGÉLINA.

Fi, Monsieur, que c'est mal de tuer mes pauvres hi-
rondelles ; j'ai tant de plaisir à les voir faire leurs nids
à ma fenêtre.

PAPILLON.

Diable! Je ne suis pas chanceux aujourd'hui... Comme
on me reçoit!..... Croyez, Mademoiselle.....

DELBEUF.

Allons, allons,..... voilà assez d'excuses comme cela ;
nous devrions déjà être en chasse.

PAPILLON.

Mais, dites-donc, beau-père, c'est que je n'ai pas dé-
jeuné moi, et j'ai fait trois lieues.

DELBEUF.

Bah! bah! un chasseur penser à ces bagatelles!...

PAPILLON.

Oh! ce n'est pas que j'y pense, allez ; mais l'estomac...
voyez-vous.....

DELBEUF.

Soyez tranquille, nous ne mourrons pas de faim.....
Blaise, Blaise !...

SCÈNE VI.

Les Mêmes, BLAISE.

BLAISE.

Me v'là, not' bourgeois.

DELBEUF.

Ecoute ; dans une heure, à-peu-près, tu nous apporte-
ras à déjeuner sous le grand orme, tu sais,... qui fait la
limite du terroir... Toi, Angélina .... va nous cueillir quelques fruits.   (*Angélina sort.*)

PAPILLON.

Ah! oui, en attendant, c'est toujours ça.

(*Il se promène dans le fond, en arrangeant son fusil.*)

BLAISE, *à demi-bas.*

Je n'irai donc pas aujourd'hui avec vous, not' bourgeois,..

comment donc ferai-je pour attester les beaux coups que vous aurez faits ?

DELBEUF.

Je te les raconterai.

BLAISE.

Ah ! c'est ça, et je dirai toujours oui, comme d'habitude, n'est-ce pas ?

DELBEUF.

Sans doute ... est-ce pour me contredire que je te donne cinquante écus par an ?

BLAISE.

Ah ! pardine ! j'sais ben...

Ain : *V^lle de Voltaire chez Ninon.*

Par des contes faits à loisir,
Vous vous attirez des hommages;
Vous me payez pour bien mentir,
Et cert's je n'vole pas mes gages.
C'n'est pas que j'demand' rien de plus ;
Mais au mal que j'ai quand je songe,
Savez-vous que cinquante écus
Ce n'est pas un sou par mensonge.

PAPILLON , *s'avançant sur la scène.*

Ah ! j'dis que voilà mon fusil joliment en état... Ah ! ça, beau-père, j'espère que vous vous en tirerez mieux que l'année passée, vous rapporterez quelque chose au moins, cette fois-ci.

DELBEUF.

L'année passée, l'année passée... il m'est arrivé malheurs sur malheurs; enfin je tue une perdrix, Blaise l'a vue, n'est-ce pas ?

BLAISE.

Oh ! oui, et une fameuse.

DELBEUF.

Eh bien ! un maudit épervier l'enlève, au moment où j'allais mettre la main dessus, et la dévore,... là.... à mes yeux.

PAPILLON.

Comment... la perdrix !

BLAISE.

A mangé l'épervier... Ah! je l'ai vu comme je vous
vois...

DELBEUF.

Allons, tais-toi, imbécile , et va lâcher Agobar et Ezilda.

(*Blaise sort.*)

PAPILLON, *étonné.*

Agobar et Ezilda !

DELBEUF.

Oui , mes chiens...., c'est Madame Delbeuf qui leur a
donné ces jolis noms.

SCÈNE VII.

Les précédens, Madame DELBEUF, ANGÉLINA.

ANGÉLINA , (*apportant des fruits.*)

Mon père, voilà les plus beaux fruits que j'ai pu trouver.

PAPILLON.

Chère belle-mère... Ah ! mon Dieu,... comme vous
tremblez !...

Mad. DELBEUF.

Je le crois bien,.... être sans cesse témoin des barbares
plaisirs de Monsieur.

M. DELBEUF.

Allons, voyons, conçoit-on pareil enfantillage ?... la
femme d'un vieux chasseur !

PAPILLON.

Ah ça! il a raison. La femme d'un vieux chasseur...

Mad. DELBEUF.

A propos, M. Papillon, vous m'apportez sans doute ce
nouveau roman que je vous ai chargé d'acheter.

PAPILLON.

Ah ! mon Dieu !

Mad. DELBEUF.

Est-ce que vous n'y auriez pas pensé ?

PAPILLON.

Si fait, si fait, oh! j'ai une mémoire, moi...

Mad. DELBEUF.

Eh bien! où est-il?... voyons,... je suis d'une impatience.....

PAPILLON.

Ah! je vas vous dire, voyez-vous. C'est que je ne l'ai pas;... mais ce n'est pas ma faute, je vous en réponds...

AIR : *J'ai vu le Parnasse des Dames.*

J'ai cru qu'il ne se vendait guères,
Et j'espérais de l'éditeur
Avoir un des mille exemplaires,
Qu'en avait fait tirer l'auteur.
Mais, par malheur, chez le libraire,
Il n'en restait plus, me dit-on,
Que neuf cent cinquante pour faire
Une seconde édition.

Mad. DELBEUF.

Quelle mauvaise raison!... C'est insupportable, vous ne vous êtes pas assez pressé non plus...

M. DELBEUF.

Mais, ma chère amie, tu ne manques pas de livres ici.... j'espère que ma bibliothèque.....

Mad. DELBEUF.

Elle ne me convient pas du tout, Monsieur.

AIR : *Jadis et Aujourd'hui.*

Partout j'y retrouve la trace
De vos cruels amusemens;
Et vos ouvrages sur la chasse
Ont remplacé tous mes romans;
Enfin, votre main téméraire
A fait, par un double attentat,
Des cartouches de l'*Étrangère*,
Et des bourres du *Renégat.*

M. DELBEUF.

Mais tu les avais déjà lus sept ou huit fois.

Mad. DELBEUF.

C'est égal, Monsieur, il y a des choses qu'on ne saurait trop lire.....

ANGELINA.

Maman a raison... Car enfin elle me les a lus bien souvent, et je n'ai pas encore pu comprendre.....

Mad. DELBEUF.

Taisez-vous, petite sotte.....

SCÈNE VIII.

Les précédens, BLAISE, *dans le fond.*

J'ai lâché les chiens,... not' maître....

M. DELBEUF.

C'est bon.

(*Blaise sort.*)

PAPILLON.

Ah! dites donc, beau – père, vous m'en prêterez un, n'est-ce pas?... Azor est malade, madame Delbeuf, vous savez bien, ce pauvre Azor.

M. DELBEUF.

Vous prendrez Agobar, surtout je vous le recommande.

PAPILLON.

Soyez donc tranquille, les chiens..... ça me connaît.

M. DELBEUF.

Voyons, ne me manque-t-il rien?... mon tournevis,... mon port d'armes.

PAPILLON.

Ah! mon Dieu, vous m'y faites penser, le mien est resté à Paris, comment donc faire ?

M. DELBEUF.

N'ayez pas peur.... le garde – champêtre est mort depuis quelques jours.

PAPILLON.

Oh! c'est que j'ai une peur de tous les diables des procès-verbaux, moi.... Il n'y a pas de danger, n'est-ce pas

M. DELBEUF.

Eh ! non , vous dis-je , soyez donc tranquille.

PAPILLON.

Allons, beau-père,... partons... Je crois que nous se-
rons heureux....; je me sens en verve....

Air : *Tendres échos.*

Hôtes craintifs des champs et des forêts,
Je vous suivrai jusque dans vos retraites :
De mon coup-d'œil, ah ! craignez les effets,
J'aurai pour moi les dieux... et mes lunettes.
Petits perdreaux, errans dans ce vallon,
Petits perdreaux, redoutez notre plomb !

DELBEUF, PAPILLON.

Petits perdreaux, etc.

Mad. DELBEUF, ANGÉLINA.

Petits perdreaux, errans dans ce vallon,
Ah ! puissiez-vous échapper à leur plomb !

(*Ils sortent. Mad. Delbeuf et Angélina rentrent chez elles.*)

SCÈNE IX.

ERNEST, GUILLAUME, *tous deux en chasseurs. Ensuite*
CANARD.

GUILLAUME, *arrivant le premier.*

M. Ernest, M. Ernest ! c'est par ici.

ERNEST.

Es-tu sûr ?

GUILLAUME.

Ma foi, d'après les renseignemens que j'ai pris.....

CANARD, *paraissant à sa porte.*

Ah ! ah ! j'aperçois des chasseurs.

(*Il rentre.*)

ERNEST.

Charmante Angélina, je vais donc te revoir !

GUILLAUME.

Oui,... il ne s'agit plus que de trouver un prétexte.

ERNEST.

Un prétexte,... il s'en présentera mille.

GUILLAUME.

Nous rencontrerons aussi mille difficultés...

ERNEST.

Tant mieux, nous les surmonterons.

AIR : *des Scythes.*

J'aime à voir maint et maint obstacle
En amour, naître sous mes pas ;
Toujours, soit adresse ou miracle,
Je sais me tirer d'embarras.
De mes rivaux je ne m'alarme guère,
Car le danger, pour le cœur d'un Français,
Doit en amour, aussi bien qu'à la guerre,
Doubler le prix qu'on attend du succès.

CANARD, *sortant de chez lui.*

Ces Messieurs veulent-ils se rafraîchir?..... voilà de
l'excellent vin. (*Il pose sur une table deux bouteilles de vin.*)
Comment, c'est vous, M. Ernest! y a-t-il assez long-
temps qu'on ne vous a vu !.... Il fallait la chasse pour
vous décider à quitter Paris.

ERNEST.

La chasse,... il s'agit bien de cela, vraiment.... Mais,
j'y pense, tu peux me donner des renseignemens pré-
cieux..... Tu es toujours discret, n'est-ce pas?

CANARD.

Parbleu, Monsieur, un traiteur à Montmorency,....
est-ce que ça se demande?

(*Guillaume tire de sa carnassière un gros morceau de pain et
se met à déjeuner.*)

ERNEST.

Cela me rassure..... Tu connais sans doute monsieur
Delbeuf, qui vient d'acheter une maison dans ce pays.

CANARD.

Vous ne pouvez mieux vous adresser, Monsieur, c'est
mon voisin.

ERNEST.

Et qui a une fille charmante.

CANARD.

Justement.... qui va se marier..... Je suis même chargé de faire le repas de noce.

ERNEST.

Comment, déjà !... Eh bien ! mon ami, c'est ce qui me désole.....

CANARD.

Allons donc !

GUILLAUME, *la bouche pleine*.

Je crois bien ,... nous en sommes amoureux fous ;..... nous en perdons le boire et le manger.

ERNEST.

Conçoit-on cela aussi ?... J'étais au mieux avec le père... La fille ne me voyait pas d'un œil indifférent : un jour je parle mariage..... Cette union était convenable sous tous les rapports ;... eh bien ! le père me congédie brusquement, sous prétexte qu'il a donné sa parole à un ancien ami..... J'espérais le faire changer d'avis ;..... mais ce que tu viens de me dire.... Si du moins je pouvais la voir, lui parler !.....

CANARD.

Ce n'est pas facile, ça, Monsieur ;... sa mère ne la quitte pas un instant.

ERNEST.

Ce n'est pas sa mère qui m'inquiète ,... elle ne me connaît pas ;... elle était en voyage pendant le peu de temps que je fus reçu chez monsieur Delbeuf ;... mais c'est lui qui me fait trembler.....

CANARD.

Si ce n'est que ça, soyez tranquille ; .. il court les champs depuis le matin avec son futur gendre, et il ne rentrera pas avant la nuit.

GUILLAUME.

Et quelle espèce d'homme est-ce, ce rival qui se permet d'épouser notre maîtresse ?

CANARD.

Un original.... Passionné pour la chasse, quoiqu'il ne voie pas à dix pas devant lui..... C'est égal, il se figure que ça l'amuse.

ERNEST, *après avoir réfléchi.*

Oh! l'excellente idée;... oui,... c'est cela..... (*Il tire du gibier de sa carnassière.*) Toi Guillaume, tu vas m'attendre ici.

GUILLAUME.

Eh bien! Monsieur, où allez-vous donc?

ÉRNEST.

Tu ne comprends pas!... j'ai rencontré monsieur Delbeuf en chasse;... nous avons lié connaissance, et il m'a chargé de remettre ce gibier à Madame.

GUILLAUME.

Bien imaginé;... mais.....

ERNEST.

Quoi?

GUILLAUME.

Si le beau-père ou le futur revenait.....

ERNEST.

Ah! diable! je n'avais pas songé à cela.

GUILLAUME.

Ecoutez donc, Monsieur;... si nous mettions le garde-champêtre de la commune dans nos intérêts, sous prétexte de les conduire dans des endroits giboyeux, il les éloignerait.....

ERNEST.

A merveille!

CANARD.

Oui; mais le garde - champêtre est mort la semaine dernière;... j'ai même hérité de toute sa défroque..... Je lui avais avancé sur son trimestre quelques bouteilles de vin.....

ERNEST.

Vivat!... Eh! allons donc, Guillaume.

GUILLAUME.

Que voulez-vous que je fasse?

ERNEST.

Le garde-champêtre, parbleu!

GUILLAUME.

C'est bien facile à dire ; mais...

ERNEST.

Comment ! tu hésites, je crois..... Canard, je compte
sur toi..... Allons, Guillaume, à ta toilette.

Air : *Vaudeville des Gascons.*

Hâte-toi de changer d'habit,
Profitons de cette trouvaille ;
Si notre ruse réussit ,
Je saurai payer ton esprit.
Affecter un air de crédit ,
Railler l'impertinent qui raille ;
Voilà comme on porte un habit
Qui n'est pas fait à notre taille.

ERNEST.

Hâte-toi, etc.

GUILLAUME.

Hâtons-nous de changer d'habit,
Dans ses intérêts je travaille ;
Si notre ruse réussit,
Ce sera grâce à mon esprit.

CANARD.

Avoir à propos cet habit,
Ah ! c'est vraiment une trouvaille !
Si cette ruse réussit,
Ce sera grâce à cet habit.

Ensemble.

(*Ernest entre chez* **M.** *Delbeuf et Guillaume chez Canard.*)

SCÈNE X.

CANARD, PAPILLON.

PAPILLON

Monsieur Canard ,... pst ,... pst.....

CANARD , *à la cantonade.*

Eh ! vite ,..... montez au premier ;... une petite porte

verte,..... vous trouverez là l'habit, la bandouillère, le chapeau à cornes et le briquet.

PAPILLON.

Monsieur Canard !

CANARD.

Me voilà !... Comment ! déjà de retour !... Mais, diable ! la carnassière est joliment garnie.

PAPILLON.

Oui. Imaginez-vous une chasse qui commençait à merveille. D'abord, je descends dans la vallée ;... à peine ai-je fait quinze pas, que j'aperçois quelque chose qui file dans les roseaux ;... je tire au juger, Agobar me rapporte une grosse poule d'eau..... Je venais de recharger, quand je crois voir au bord de l'étang quelque chose de grisâtre.... c'était une oie sauvage..... Je mets en joue,..... pan !..... elle est morte. Content de ma chasse du marais, je remonte en plaine ;... un lièvre détale,... je lui envoie mon coup de fusil,... et j'attrape.....

CANARD.

Le lièvre.....

PAPILLON.

Non,... mon chien..... Il suivait le lièvre de très-près ; quelques grains de plomb s'écartent, le touchent, et il reste sur la place.

CANARD.

Le chien de monsieur Delbeuf ! Ah bien ! il va faire un joli train..... Est-il mort ?

PAPILLON.

Oh ! non..... Dans quelques jours il n'y paraîtra plus....

CANARD.

Et où est-il ?

PAPILLON.

Je l'ai laissé chez un paysan qui, ce soir, le transportera chez vous,... et vous le garderez jusqu'à entière guérison. En attendant, je dirai qu'il s'est emporté, et que je n'ai pu le faire revenir.

CANARD.

Ah ! ça, vous paierez la nourriture.

PAPILLON.

Cela va sans dire..... Ouf! je n'en puis plus de chaleur et de fatigue; je vais me reposer un instant.

(*Il va pour entrer dans la maison de M. Delbeuf.*)

CANARD, *à part.*

Ce n'est pas là notre affaire. ... (*Haut.*) Eh bien! qu'est-ce que vous faites donc? si ces Dames vous voyaient revenir sitôt, elles se douteraient de quelque chose..... Entrez chez moi.....

PAPILLON.

C'est vrai,... je n'y pensais pas; surtout, je vous recommande Agobar.

AIR : *des Comédiens.*

Pauvre Agobar! frappé d'un coup si rude !..
Dans son malheur ne l'abandonnez pas :
Sur lui veillez avec sollicitude ;
Il faut savoir s'entr'aider ici bas...
Sur son destin j'ai l'âme tourmentée ;
Prodiguez-lui les secours les plus doux ;
Prodiguez-lui les os et la pâtée,
Faites pour lui ce qu'on ferait pour vous.

PAPILLON.

Pauvre Agobar, etc.

CANARD.

Pauvre Agobar! frappé d'un coup si rude !
Dans son malheur ne l'abandonnons pas,
Sur lui veillons avec sollicitude ;
Il faut savoir s'entr'aider ici bas.

Ensemble.

SCÈNE XI.

ERNEST, Mad. DELBEUF, ANGÉLINA.

ERNEST.

Comment donc, Madame, mais vous n'avez aucun remerciment à me faire;... c'est moi qui, au contraire, en dois à votre mari.....

Mad. DELBEUF.

Ce jeune homme est d'une amabilité !

ANGÉLINA *, à part.*

Aurait-il véritablement rencontré papa, ou n'est-ce qu'un prétexte?... (*Haut.*) Mon père ne vous a-t-il pas dit, Monsieur, à quelle heure il devait revenir?

ERNEST.

Non pas précisément, Mademoiselle;..... mais je ne crois pas qu'il faille l'attendre avant le soir.

Mad. DELBEUF.

Avant le soir!

ERNEST.

Sans doute;... un chasseur est entraîné:... le canton est giboyeux..... On s'éloigne sans y songer, et l'on ne revient que lorsque la faim et la fatigue nous y forcent. On jure bien de ne pas recommencer de quinze jours,... et dès le lendemain.....

Mad. DELBEUF.

C'est cela,.... précisément..... Je l'avouerai, Monsieur, j'ai une antipathie décidée pour la chasse. Comme le dit un de mes auteurs favoris; « C'est un amusement destruc-
» tif de toute société, de toute conversation, et qui habitue
» les hommes à chercher loin de nous des plaisirs que
» nous ne sommes point appelées à partager. »

ERNEST.

Ah! Madame, comment peut-on médire d'un exercice aussi salutaire, d'un goût aussi universel!

AIR : *Vaudeville des Blouses.*

Un seul instant examinez le monde;
Vous ne verrez que chasseurs ici bas;
Autour de moi quand on chasse à la ronde,
Pourquoi donc seul ne chasserais-je pas?
Dans nos salons, un fat parfumé d'ambre,
De vingt beautés chasse à la fois les cœurs.
Un intrigant, rampant dans l'antichambre,
Chasse un cordon, un regard, des faveurs.
Sans consulter son miroir, ni son âge,
Une coquette, à soixante-et-dix ans,
En minaudant, chasse encore l'hommage
Que l'on adresse à ses petits-enfans.
Un lourd journal, que .haine dévore,

Toujours en vain chasse des souscripteurs;
Et l'Opéra, sans en trouver encore,
Depuis long-temps chasse des spectateurs.
Un jeune auteur, amant de Melpomène,
Chasse la gloire et parvient à son but;
Un autre croit, sans prendre autant de peine,
Qu'il lui suffit de chasser l'Institut.
Pendant vingt ans, les drapeaux de la France
Sur l'univers flottèrent en vainqueurs,
Et l'étranger sait, par expérience,
Si nos soldats sont tous de bons chasseurs.
Un seul instant examinez le monde :
Vous ne verrez que chasseurs ici bas;
Autour de moi quand on chasse à la ronde,
Pourquoi donc seul ne chasserais-je pas ?

Mad. DELBEUF.

Au fait, presque tous les héros de roman chassent, et je crois me rappeler que la première fois que *Caroline de Lichtefield* rencontra le beau *Lindorf*, il était en costume de chasseur.

ERNEST, *à part.*

Diable ! La maman paraît romanesque. (*Haut.*) Je vois que Madame a beaucoup lu.

Mad. DELBEUF.

Oh ! certes, il ne paraît pas un nouveau roman que je ne le dévore.

ERNEST.

Je ne saurais trop applaudir à une passion qui est aussi la mienne..... Quelle manière plus agréable d'orner son esprit, de former son jugement, de connaître l'histoire et les mœurs de tous les pays et de tous les temps!.... Un Roman, Madame, un Roman, c'est le triomphe de l'esprit humain !...

Mad. DELBEUF.

Monsieur en parle en connaisseur.

ERNEST.

C'est que je cultive cette branche de littérature.

Mad. DELBEUF.

Vous auriez fait des romans ?

ERNEST,

Oh! non,... pas encore..... Mais j'en ai commencé un,
et il ne tiendra pas à moi que je ne le finisse.

Mad. DELBEUF.

Et peut-on savoir quel en est le sujet?

ERNEST, *regardant Angélina.*

Imaginez-vous une jeune personne;..... remplie de
grâces,... d'esprit;... ses parens veulent lui faire épouser un homme qui ne lui convient pas,... qu'elle ne peut
aimer.

Mad. DELBEUF.

Pauvre petite!

ERNEST.

Tandis qu'un jeune homme qui l'adore, qui donnerait
sa vie pour elle, ne peut prétendre à sa main.....

Mad. DELBEUF.

Et sans doute elle l'aime?

ERNEST.

Ah! Madame ,... je suis encore indécis..... Conseillez-
moi, Mademoiselle;..... croyez-vous que la jeune personne.....

ANGÉLINA, *embarrassée.*

Moi, Monsieur!..... je ne puis répondre sur un pareil
sujet.....

Mad. DELBEUF.

Certainement elle l'aime; c'est impossible autrement.

ERNEST.

Voilà l'exposition ;... mais je suis bien indécis pour le
dénouement..... Vous pourriez m'aider, Madame.

Mad. DELBEUF.

Comment donc, Monsieur, si je puis vous être utile...

ERNEST.

Oh! beaucoup.....

TRIO.

AIR *nouveau de M. Miller.*

ERNEST.

Je sens ma verve qui s'enflamme,
Et si vous m'aidez dans mon plan,

J'espère, grâce à vous, Madame,
Voir bientôt la fin du roman.

Mad. DELBEUF.

Cherchons.... en y mettant du zèle,
L'ouvrage peut être charmant.

ANGÉLINA, *à part.*

Combien ma mère y met de zèle !
Mais moi, je pense cependant
Que, sans m'y connaître comme elle,
Je ferais mieux le dénoûment.

ERNEST.

Pour avancer, j'ai bien envie
De faire battre les rivaux.

ANGÉLINA, *vivement.*

Ah ! Monsieur, je vous en supplie,
N'exposez pas votre héros.

Mad. DELBEUF.

Pourquoi donc ?... je pense, ma chère,
Qu'un duel fait toujours très-bien.

ERNEST, *à Angélina.*

Mon seul désir est de vous plaire ;
Cherchons donc un autre moyen.

Mad. DELBEUF.

A la place d'une querelle,
Je propose un enlèvement....

ERNEST.

Le moyen me semble excellent ;
Qu'en dites-vous, Mademoiselle ?

ANGÉLINA.

Je pense que, même en aimant,
On doit à pareille demande
Refuser son consentement.

Mad. DELBEUF.

Mais ici, l'amour le commande
Il faut hâter le dénoûment....

ERNEST.

Vraiment c'est bien embarrassant !

Pour mon cœur, ah ! quel sort prospère !
Déjà je plais à la maman,
Et, par mes soins, bientôt, j'espère,
Ce ne sera plus un roman.

ANGÉLINA.

Ah ! s'il pouvait plaire à mon père,
Comme il a su plaire à maman,
Pour mon bonheur, bientôt j'espère,
Ce ne serait plus un roman.

Mad. DELBEUF.

Par son esprit il sait me plaire,
Il est en vérité charmant ;
A nous deux, bientôt je l'espère,
Nous aurons fini ce roman.

SCÈNE XII.

Les précédens, BLAISE.

BLAISE.

Dites donc, not' maîtresse.

Mad. DELBEUF.

Voyons,... qu'y a-t-il ?

BLAISE.

Vous oubliez l'heure, not' maîtresse.

Mad. DELBEUF.

Comment !

BLAISE.

Sans doute;..... ces Messieurs m'ont dit de leur porter
sous le grand orme d'quoi s'rafraîchir, vous savez.

Mad. DELBEUF.

Qui t'empêche d'y aller ?

BLAISE.

Et la clef d'l'office,... j'l'ai pas ;... si vous voulez m'la
donner.....

Mad. DELBEUF.

Non, j'y vais moi-même. (*A sa fille qui veut la suivre*)

Angélina, tenez compagnie à Monsieur. (*A Ernest*) Tâ-chez, en mon absence, de trouver un dénouement heu-reux, je vous en prie ; vos deux jeunes gens m'intéres-sent à un point, (*à part en sortant.*) En vérité, on n'est pas plus aimable !

SCÈNE XIII.

ERNEST, ANGÉLINA.

ERNEST.

Enfin je puis donc vous voir, vous parler !.....

ANGÉLINA.

Quelle imprudence !..... Au moment où l'on va me marier.

ERNEST.

Vous marier !... et vous pourriez y consentir ?... Non, cela ne sera pas..... J'irai trouver votre père ; je lui dirai que nous nous aimons ; je me jetterai à ses pieds, et s'il me refuse.....

ANGÉLINA.

Eh bien ! s'il vous refuse.....

ERNEST.

Je tuerai mon rival ,..... au moins il ne vous épousera pas.

ANGÉLINA.

Ernest, je vous en conjure ; d'ailleurs vous savez bien que nous avons supprimé le chapitre des duels à l'unanimité.

ERNEST.

Que voulez-vous donc que je fasse ?

ANGÉLINA.

Nous ne pouvons être unis ;..... pour votre bonheur, pour ma tranquillité , tâchez de m'oublier.

ERNEST.

Vous oublier !...

Air : *Lucette est une bergère*, (Bergère Châtelaine.)
  A mon amour plus sensible,
  N'ordonne pas mon malheur.

T'oublier est impossible :
Ah ! connais mieux mon ardeur.
Malgré moi toujours chassée,
Mais toujours présente à mon cœur,
Ton image retracée
Viendrait charmer ma pensée.
Vouloir oublier ses amours,
N'est-ce pas y penser toujours?

ANGÉLINA.

D'autres belles pour vous plaire
Trouveront plus d'un moyen.

ERNEST.

Leur amour, fût-il sincère,
Sur mon cœur ne pourrait rien :
Dans le plus aimable langage,
Je croirais entendre le tien ;
Dans le plus joli visage,
Je retrouverais ton image...
Vouloir oublier ses amours,
N'est-ce pas y penser toujours?

Angélina, je vous en conjure, mon sort dépend de
vous. (*Il se jette à ses pieds.*)

ANGÉLINA.

Ernest, relevez-vous ;... si l'on vous voyait.....

SCÈNE XIV.

ERNEST , ANGÉLINA . PAPILLON , *sortant de
l'auberge.*

PAPILLON.

Je compte sur vous, monsieur Canard... Mais , que
vois-je? un jeune homme aux genoux de ma future !...

ERNEST.

Chère Agélina!.....

PAPILLON.

(*Il s'avance entre eux et frappe la terre avec la crosse de
son fusil.*)

Hum !

ANGÉLINA.

Ciel!.... (*Elle se sauve et rentre chez elle.*)

PAPILLON.

Ah! ah! Mademoiselle,.. on ne me croyait pas si pris;
et vous, Monsieur...

ERNEST, *froidement.*

Puis - je savoir, Monsieur, à qui j'ai l'honneur de
parler?

PAPILLON.

A Hubert - Rigobert - Dagobert Papillon et compagnie,
fabricant de coton en gros, rue des Quenouilles.

ERNEST.

Eh bien! monsieur Hubert - Rigobert - Dagobert Papillon, retournez à votre filature, et mêlez - vous de ce qui
vous regarde...

PAPILLON.

En voilà d'une bonne!... ça ne me regarde pas, peut-
être? et qui est-ce que ça regarde, Monsieur?... le grand
Turc! Savez-vous bien que vous chassez sur mes terres?

ERNEST.

Que voulez-vous dire, Monsieur?....

PAPILLON.

Mais, sans doute, vous avez l'air de viser ma future;...
et je ne me soucie pas que mon mariage fasse long feu...
Heureusement je suis à l'affût.....

ERNEST.

Comment!..... C'est à cet original qu'on destine Angélina!

PAPILLON.

Original!... Mais savez - vous que vous m'insultez,
Monsieur?

ERNEST, *riant.*

Vous croyez;... ce n'était certes pas mon intention.

PAPILLON, *à part.*

Il a peur, bon!... (*haut*) et que j'en veux réparation,
et que je suis très - mauvaise tête, moi, Monsieur; très-
mauvaise tête.....

ERNEST

f'is tant de bruit, mon cher Monsieur, je suis prêt à vous donner satisfaction.

PAPILLON, *à part.*

Qu'est-ce qu'il dit donc là?... Est-ce que je me serais trompé? (*Haut.*) Monsieur, je suis l'offensé, et...

ERNEST

Vous avez le choix des armes.....; c'est trop juste;... pour moi, je vous assure qu'elles me sont indifférentes;.... l'épée...

PAPILLON.

Du tout, Monsieur, du tout.... Je ne me bats pas à l'épée, moi...

ERNEST.

Le pistolet.....

PAPILLON.

Encore moins.... j'ai la vue basse, moi..... (*à part*) Tu Dieu! quelle démangeaison de se battre! où Diable me suis-je fourré?...

ERNEST.

Mais enfin, Monsieur, à quoi vous battez-vous donc?

PAPILLON.

Moi, d'abord, Monsieur, je me bats très-rarement; et comme je suis chasseur, quand par hasard je me bats, c'est au fusil. ..

ERNEST.

J'avoue, Monsieur, que je ne m'attendais pas que vous choisiriez cette arme-là...

PAPILLON, *vivement.*

Alors, vous n'acceptez pas?

ERNEST.

Si fait, Monsieur; comme je suis chasseur aussi, j'accepte..... J'ai justement dans ma carnassière quelques lingots que j'avais destinés pour la grosse bête;.. je ne pouvais pas trouver une meilleure occasion... (*Il cherche dans sa carnassière.*)

PAPILLON.

Qu'est-ce que c'est que ça, Monsieur?... on peut s'estropier avec vos lingots.... Laissez donc.....

ERNEST.

Mais enfin, Monsieur, avec quoi?...

PAPILLON.

Avec quoi?..... avec du plomb à perdrix.

ERNEST.

Soit; tout dépend encore de la distance... Quelle est celle que vous déterminez?

PAPILLON.

Trois cent cinquante pas.

ERNEST.

Plaît-il?

PAPILLON.

Trois cent cinquante pas, vous dis-je.

ERNEST, *riant.*

Je croyais avoir mal entendu, Monsieur, je vous félicite de votre courage;... je me reprocherais toute ma vie d'avoir trempé mes mains dans le sang d'un aussi brave homme!...

PAPILLON.

Eh bien! à la bonne heure,... j'accepte vos excuses.... Je suis vif, voyez-vous, mais je ne suis pas méchant au fond... (*A part.*) J'espère que je me suis joliment montré! Mais, pour aujourd'hui, bonsoir la chasse... je ne veux pas perdre ma future de vue... Je n'ai pas envie qu'avant le mariage...

SCÈNE XV.

Les Précédens; GUILLAUME, en garde-chasse

ERNEST, *désignant Papillon.*

Voici notre homme.

GUILLAUME.

Bon! laissez-moi faire... (*Haut.*) Pardon, Messieurs, si je vous dérange;... mais vous avez sans doute des ports d'armes?

ERNEST.

Voici le mien.

GUILLAUME.

C'est fort bien... (*A Papillon, qui essaye de s'esquiver.*)
Et vous, Monsieur?

PAPILLON.

Je ne vous connais pas,... qui êtes-vous?

GUILLAUME.

Le garde-champêtre.

PAPILLON.

Le garde-champêtre!... laissez donc,... il est mort.

GUILLAUME.

Resurrexit!... j'entre en fonctions.

PAPILLON.

Aye! aye! aye!

GUILLAUME.

Vous êtes sans doute en règle?

PAPILLON.

Oh! oui, Monsieur le garde-champêtre, je vous en réponds...

GUILLAUME.

Je voudrais vous croire sur parole; mais mon devoir
exige... Voyons votre port d'armes, Monsieur.

PAPILLON.

Ce serait avec grand plaisir;... mais je suis si étourdi,
que je l'ai laissé chez moi, à Paris..... Demain, si vous
voulez...

GUILLAUME.

La loi :... je ne connais que ça... Faites-moi le plaisir de
me décliner vos nom, prénoms, qualités et domicile...

PAPILLON.

Et pourquoi faire?

GUILLAUME.

Pour que je puisse les consigner au procès-verbal que je
vais dresser...

PAPILLON.

Tiens! il est bon là;... il croit que je vais lui dire...

GUILLAUME.

Alors, Monsieur, il faut me suivre chez le Maire,

PAPILLON.

Encore moins, morbleu !

GUILLAUME.

Je serais fâché pourtant d'en venir à des extrêmes

PAPILLON.

Et sans en venir là, mon ami, n'y aurait-il pas des arrangemens ?... (*il tire une pièce de cinq francs de sa poche*) tenez...

GUILLAUME.

Incorruptible !... (*se retournant du côté d'Ernest*). Monsieur, il m'offre cinq francs.

PAPILLON.

Si je doublais la somme ?

GUILLAUME.

Inexorable, vous dis-je... (*Même jeu*) Dix francs, Monsieur ; vous voyez ce que je refuse pour vous.

PAPILLON.

Allons, j'en mets vingt.

GUILLAUME, *à part.*

Ma foi, je n'y tiens plus. (*Haut.*) Vous m'avez l'air d'un brave homme, et je ne voudrais pas...

ERNEST, *bas à Guillaume.*

Eh bien ! maraud !... tiens, en voici quarante, et débarrasse-moi de cet imbécile.

PAPILLON, *à part.*

Ah !... ce n'est pas sans peine... (*Haut.*) Tenez, mon brave homme.

GUILLAUME, *prenant l'argent*

Qu'est-ce que c'est, Monsieur, qu'est-ce que c'est ?..... Vouloir me corrompre ! (*Mettant l'argent dans sa poche.*) Pièce de conviction !... Chez le Maire, et plus vite que ça.

PAPILLON, *se fâchant.*

Ah ça, mais qu'avez-vous donc ?... est-ce que vous avez voulu vous moquer de moi ?... Savez-vous à qui vous parlez, l'ami, le savez-vous ?

GUILLAUME.

Il fait rébellion, je crois..... Ignorez-vous, Monsieur,

que la loi met à ma disposition la force armée, et que si je requiers la gendarmerie...

PAPILLON, *furieux.*

La gendarmerie!..... allez la chercher, je n'en ai pas peur, moi... (*A part.*) S'il pouvait y aller, comme je filerais.....

GUILLAUME.

Prenez garde à vous, Monsieur...

Air : *Vaudev. du Diner de Garçons.*

Mon caractère est la douceur ;
Mais vous lassez ma patience,
Et je vais user de rigueur,
Puisque vous faites résistance.
Sachez obéir à la loi.

PAPILLON.

Innocent, je suis sans alarmes.

GUILLAUME, *tirant à moitié son sabre.*

C'en est trop, Monsieur, suivez-moi ! (*bis*)

PAPILLON, *frappant la terre de son fusil.*

Est-il heureux d'avoir des armes !

GUILLAUME.

Allons, Monsieur, marchons.

ERNEST.

Enfin m'en voilà débarrassé ! allons rejoindre ces dames.
(*Il entre chez Delbeuf.*)

PAPILLON, *à part.*

Ah mon Dieu ! et ma future...

DELBEUF, *dans la coulisse.*

Papillon ! Papillon !

PAPILLON, *à Guillaume.*

Pardon, Monsieur; entendez-vous, on m'appelle......
Je suis à vous dans l'instant.

GUILLAUME, *l'entrainant.*

Voulez-vous bien marcher?

SCÈNE XVI.

DELBEUF, *arrivant par le fond.*

Où diable peut-il s'être fourré? il y a une heure que je l'appelle... Lui qui criait la faim, il disparaît au moment du déjeuner...

SCÈNE XVII.

DELBEUF, TOUS LES CHASSEURS DU MATIN.

LES CHASSEURS.

AIR : *De Fernand Cortez.*
Entrons, entrons au bois,
La chasse nous invite ;
Courons vite,
A la fois,
A de nouveaux exploits.
(*Ils vont pour entrer dans le taillis*)

M. DELBEUF.

Eh bien! eh bien! Messieurs, où allez-vous donc par là

UN CHASSEUR.

Voulez-vous être des nôtres?... Une compagnie de perdreaux est venue s'abattre dans cette garenne, et...

DELBEUF.

Un moment, Messieurs, un moment... Cette garenne m'appartient; c'est mon parc réservé, et personne autre que moi n'y tire un seul coup de fusil,... permis à vous de vous placer sur la lisière;... moi, je vais faire lever le gibier...

(*Reprise du Chœur.*)

Environnons ce bois,
La chasse, etc.
(*Ils sortent et Delbeuf entre dans le taillis à droite.*)

SCÈNE XVIII.

DELBEUF *dans le taillis*, **PAPILLON.**

PAPILLON *arrive de côté, à gauche.*

Ouf!.... je m'en suis débarrassé..... Diable de garde-

champêtre ;..... entrons chez le beau-père,... et là ;.....
tiens!... qu'est-ce qu'ils font donc tous là-bas?... ils ont
l'air d'être à l'affût... Je gage que c'est le cerf de ce matin.... S'il pouvait passer par ici,..... quelle bonne au-
baine !... j'ai bien envie de l'attendre aussi... (*Il regarde
dans les broussailles et voit les jambes de Delbeuf.*) Oh!
bonheur ! je crois que c'est là bête,... elle est arrêtée.....
Quel dommage que je n'aie que du petit plomb!... (*Il
ajuste et tire ; Delbeuf gigote :*) ah! ah ! coquin, tu remues
encore ;... attends, attends. (*Il tire son second coup.*) Il
y est ! il y est ! c'est à moi!... c'est moi qui l'ai tué.

DELBEUF.

Au meurtre ! à l'assassin !

(*Au tapage qu'il fait tous les chasseurs arrivent.*)

PAPILLON , *s'avançant rapidement au bord du
taillis et se trouvant nez à nez avec Delbeuf.*

Ah! mon Dieu ! je n'en puis plus !... qu'est-ce que j'ai
fait là?

SCÈNE XIX.

Les mêmes , LES CHASSEURS.

AIR : *Je pars , et sur les boulevards.* (de la Demoiselle et
la Dame.)

LES CHASSEURS.

C'est affreux ! jamais on ne vit
Agir d'une telle manière ;
Au diable le chasseur maudit
Qui vient nous faire un pareil bruit !

DELBEUF , *à Papillon.*

La peste soit
Du maladroit !

PAPILLON.

Beau-père,
Calmez votre colère ;
De loin j'y voyais assez mal,
Je vous ai pris pour l'animal.

LES CHASSEURS.

C'est affreux, etc.

5

M. DELBEUF.

C'est affreux ! jamais je ne vis
Agir d'une telle manière ;
De bien bon cœur moi je maudis
Ceux qui font feu sur leurs amis.

SCÈNE XX.

Les mêmes ; tout le monde, excepté GUILLAUME.

Mad. DELBEUF.

Quel tapage ! sous ma fenêtre
Venir chasser, le croirait-on ?
Je vous verrai bientôt, peut-être,
Chasser jusque dans mon salon.

DELBEUF.

Pensant que j'étais trop ingambe,
C'est Monsieur qui de son fusil
M'a visé deux fois dans la jambe ;
Un pareil trait se conçoit-il ?
Jugez à quel péril j'échappe !...

PAPILLON, *à part.*

C'est, grâces à mes mauvais yeux,
La première fois que j'attrape :
Peut-on être plus malheureux ?

DELBEUF.

Avec un semblable chasseur
Je ne veux plus qu'on me ratrape ;
     Par bonheur,
     Malgré son erreur,
J'en suis quitte ici pour la peur.

Mad. DELBEUF, ANGÉLINA, LES CHASSEURS

Avec un semblable chasseur,
Bien fou si jamais on l'attrape ;
     Par bonheur,
     Malgré cette erreur.
Il en est quitte pour la peur.

ERNEST.

De l'adresse d'un tel chasseur,
Ma foi je puis rire sous cape ;

Suite de l'Ensemble

J'espère bien que son erreur
Ici me portera bonheur.

PAPILLON.

Je ne conçois pas sa fureur,
Puisqu'à ce péril il échappe;
Enfin le plus fameux chasseur
Peut faire une pareille erreur.

Croyez, beau-père, que je suis on ne peut pas plus af-
fecté ;... mais votre immobilité derrière ces buissons, vos
longues guêtres, ma vue basse :... ma foi, je vous ai pris
pour le cerf.....

DELBEUF.

Vous n'êtes et ne serez jamais qu'un sot.....

PAPILLON.

Un sot...,........ Savez - vous que je me fâcherai à
la fin ?.....

DELBEUF.

Fâchez-vous ; ça m'est bien égal, après ce qui vient
d'arriver... Me prendre pour un cerf! Vous êtes un maladroit.

PAPILLON.

Maladroit , maladroit... pas tant que vous , toujours ;
j'ai touché tout ce que j'ai visé , moi..... Une oie et un canard sauvages... Vos jambes... des bêtes magnifiques : et
vous, que rapportez-vous?..... la carnassière est vide ; ..
Vous avez fait chou blanc comme c'est votre habitude ...

DELBEUF.

Mon habitude !... vous êtes un impertinent !...

Mad. DELBEUF.

Qu'est-ce que vous dites donc, Monsieur?... mon mari
a fait une chasse superbe :.. deux lièvres, cinq perdreaux.

DELBEUF , *étonné.*

Oui,... cinq lièvres, deux perdreaux..... (*à part.*) Que
veut-elle dire ?

PAPILLON.

Laissez-donc.....

ERNEST.

Oui, Monsieur;..... deux lièvres, cinq perdreaux
que Monsieur m'a chargé d'apporter à ces dames.

DELBEUF, *à part.*

Monsieur Ernest ici;... ce gibier,... ah! je devine.....

PAPILLON, *à Ernest.*

Oui, je vas vous croire, n'est-ce pas, vous, un homme qui veut me souffler ma future.....

DELBEUF.

Votre future! ah bien oui!.... Après ce qui vient de se passer, il ne doit plus rien y avoir de commun entre nous..... Vous n'aurez pas ma fille.

PAPILLON.

Allons donc, c'est une plaisanterie.

DELBEUF.

AIR : *du comte Ory.*

Qui, moi! vous prendre pour gendre!
Ah! je m'en garderais bien.

PAPILLON.

Beau-père, daignez m'entendre.

DELBEUF.

Ici je n'écoute rien.

PAPILLON.

Mais suis-je donc si coupable
Pour me faire un tel affront ?
Jamais insulte semblable
N'avait fait rougir mon front.

ERNEST, *à Angélina.*

Enfin j'ai l'espérance...

ANGÉLINA.

Surtout de la prudence!

PAPILLON, *à Mad. Delbeuf.*

Madame, auprès de lui
Soyez mon appui!

SCÈNE XXI.

Les mêmes, GUILLAUME, UN PAYSAN, UNE PAYSANNE.

GUILLAUME, *entrant le premier.*

Par ici, tenez, le voilà!

LE PAYSAN *et la paysanne*.

Morguenne, il nous paiera cela!
Avec nous avant peu
Il va voir beau jeu!

LE PAYSAN, *à Papillon*.

C'est donc vous, Monsieur le chasseur, qui venez
c mme ça tuer nos poules?

LA PAYSANNE.

Et nos oies donc?

PAPILLON.

Ah! ça,... qu'est-ce que vous venez me conter,... avec
vos poules et vos oies? me prenez-vous pour un dindon?   -

LE PAYSAN.

Je vous avons ben vu, dans le marais; vous avez tiré
un coup de fusil.

PAPILLON.

Oui, sur une oie sauvage.

LA PAYSANNE.

Ah! oui, sauvage..... comme moi.....

DELBEUF.

C'est donc là cette fameuse chasse dont vous vous
vantiez tant.

PAPILLON.

Mais, beau - père, ne les écoutez pas, ce n'est pas
moi.

LE PAYSAN.

Je n'ons pas la berlue, peut-être;... ce n'est pas vous
non plus qui avez blessé votre chien..... Pauvre animal,
criait-il!

Mad. DELBEUF.

Ah! mon Dieu! Agobar blessé, pauvre Agobar!... Où
est-il?... Monsieur, vous êtes un monstre.

PAPILLON.

Oh! il va beaucoup mieux; allez, soyez tranquille; je
viens de le voir.

SCÈNE XXII et dernière.

Les mêmes, CANARD *accourant.*

CANARD.

Monsieur Papillon, monsieur Papillon, votre chien est mort.

PAPILLON.

L'imbécile !

ERNEST, *à part.*

De mieux en mieux.

DELBEUF, *furieux.*

Ah ! c'est trop fort, ne reparaissez jamais devant moi.

PAPILLON, *à Delbeuf.*

C'est donc à dire, qu'une amitié de vingt-cinq ans ;... et mon repas de noce qui était commandé.

CANARD, *s'approchant de lui.*

Monsieur, toutes les provisions étaient faites, voici la note.

PAPILLON.

Va-t-en au diable, avec ta note.

CANARD.

Mais enfin, qu'est-ce qui me la paiera ?

Mᵉ l. DELBEUF.

Soyez tranquille, je connais quelqu'un qui s'en chargera volontiers.

DELBEUF.

Que voulez-vous dire, Madame ?

Mad. DELBEUF, *désignant Ernest.*

Je pense que vous n'avez plus de motif pour refuser Monsieur.

ANGÉLA.

Mon père !

ERNEST, *à Mad. Delbeuf.*

Ah ! Madame, que de remerciemens.

DELBEUF.

Allons,... nous verrons ça. (*à part.*) Au fait, j'aurai
pour gendre un excellent chasseur.

Mad. DELBEUF.

Je suis sûr qu'il fera le bonheur de ma fille; un jeune
homme qui fait des romans!

PAPILLON.

Et moi, je reste garçon..... Tout bien considéré,... un
véritable chasseur doit être célibataire.

VAUDEVILLE.

AIR : *Vaudev. de Farinelli.*

DELBEUF, *à Ernest.*

La nuit et le jour à l'affût,
Pour mieux voir tout ce qui se passe,
Il fauc'rait qu'un bon mari fût
Aux aguets comme un garde-chasse.
Crois-moi, tiens-toi près du terrier,
Surtout ne t'en écarte guères,
Pour que jamais un braconnier
Ne vienne chasser sur tes terres.

CANARD.

Le restaurateur, mon voisin,
Qui tout' la s'main' meurt de famine,
Dimanch' dernier, d'un beau lapin
Désirait orner sa cuisine.
Par bonheur mon garçon le voit
Faisant le guet sur mes gouttières...
Halte-là, dis-je, de quel droit
Venez-vous chasser sur mes terres?

Mad. DELBEUF.

Aux premiers temps de notre hymen,
Pour m'embrasser à l'improviste,
Monsieur Delbeuf, soir et matin,
Était tous les jours à la piste.
Ce n'est plus de même aujourd'hui;
Nous vivons en célibataires,
Et, depuis long-temps, mon mari
Ne vient plus chasser sur mes terres.

ERNEST.

Heureux sous l'olivier chéri,
De la paix goûtons bien les charmes,
Sans crainte que quelque ennemi
Vienne nous proposer les armes.
Grâce aux temps passés, il comprend
Par nos exploits héréditaires,
Que ce n'est pas impunément
Que l'on vient chasser sur nos terres.

PAPILLON.

Mon bras s'affaiblit tous les jours,
Et puis j'ai la vue un peu basse;
Cependant, comme il faut toujours
Tuer quelque chose à la chasse;
C'est sur le quai des Augustins
Que je remplis mes gibecières :
A Paris, combien de malins
Qui viennent chasser sur mes terres!

ANGÉLINA, *au public.*

Pour les prendre dans ses filets,
Suivant les auteurs à la trace,
La critique, au bruit des sifflets,
Trop souvent leur donne la chasse;
Mais, défendant notre terroir
De ses attaques meurtrières,
Messieurs, empêchez-la, ce soir,
De venir chasser sur nos terres.

FIN.

IMPRIMERIE DE SÉTIER,
Cour des Fontaines, n° 7, à Paris.